一八〇一	五十七さい	幕府《ばくふ》より名字帯刀《みょうじたいとう》をゆるされる
		四月《がつ》、第《だい》二次測量《じそくりょう》（東日本《ひがしにほん》の太平洋側《たいへいようがわ》）に出《で》かける
一八〇二	五十八さい	六月《がつ》、第《だい》三次測量《じそくりょう》（東日本《ひがしにほん》の日本海側《にほんかいがわ》）に出《で》かける
一八〇三	五十九さい	二月《がつ》、第《だい》四次測量《じそくりょう》（東海《とうかい》・北陸地方《ほくりくちほう》）に出《で》かける
一八〇四	六十さい	高橋至時《たかはしよしとき》がなくなる。幕府《ばくふ》の家臣《かしん》にとりたてられる
一八〇五	六十一さい	二月《がつ》、第《だい》五次測量《じそくりょう》（近畿《きんき》・中国地方《ちゅうごくちほう》）に出《で》かける
一八〇六	六十二さい	旅《たび》のとちゅうで病気《びょうき》にかかる
一八〇八	六十四さい	一月《がつ》、第《だい》六次測量《じそくりょう》（四国地方《しこくちほう》・大和路《やまとじ》）に出《で》かける
一八〇九	六十五さい	八月《がつ》、第《だい》七次測量《じそくりょう》（九州地方《きゅうしゅうちほう》）に出《で》かける
一八一一	六十七さい	十一月《がつ》、第《だい》八次測量《じそくりょう》（九州地方《きゅうしゅうちほう》）に出《で》かける
一八一五	七十一さい	江戸《えど》市中《しちゅう》の測量《そくりょう》をおこなう
一八一六	七十二さい	大日本沿海輿地全図《だいにほんえんかいよちぜんず》の作成《さくせい》をはじめる
一八一八	七十四さい	四月《がつ》十三日《にち》、自宅《じたく》でなくなる
一八二一		大日本沿海輿地全図《だいにほんえんかいよちぜんず》が完成《かんせい》し、幕府《ばくふ》に提出《ていしゅつ》される

この本《ほん》について

『よんで しらべて 時代《じだい》がわかる ミネルヴァ日本《にほん》歴史人物伝《れきしじんぶつでん》』シリーズは、日本《にほん》の歴史上《れきしじょう》のおもな人物《じんぶつ》をとりあげています。

前半《ぜんはん》は史実《しじつ》をもとにした物語《ものがたり》になっています。有名《ゆうめい》なエピソードを中心《ちゅうしん》に、その人物《じんぶつ》の人生《じんせい》や人《ひと》がらなどを楽《たの》しく知《し》ることができます。

後半《こうはん》は解説《かいせつ》になっていて、人物《じんぶつ》だけでなく、その人物《じんぶつ》が生《い》きた時代《じだい》のことも紹介《しょうかい》しています。物語《ものがたり》をよんだあとに解説《かいせつ》をよめば、より深《ふか》く日本《にほん》の歴史《れきし》を知《し》ることができます。

歴史《れきし》は少《すこ》しにがてという人《ひと》でも、絵本《えほん》をよんで楽《たの》しく学《まな》ぶことができます。歴史《れきし》に興味《きょうみ》がある人《ひと》は、解説《かいせつ》をよむことで、さらに歴史《れきし》にくわしくなれます。

■解説《かいせつ》ページの見《み》かた

人物《じんぶつ》についてくわしく解説《かいせつ》するページと時代《じだい》について解説《かいせつ》するページがあります。

文中《ぶんちゅう》の青《あお》い文字《もじ》は、31ページの「用語解説《ようごかいせつ》」で解説《かいせつ》しています。

写真《しゃしん》や地図《ちず》など理解《りかい》を深《ふか》める資料《しりょう》をたくさんのせています。

「もっと知《し》りたい！」では、その人物《じんぶつ》にかかわる博物館《はくぶつかん》や場所《ばしょ》、本《ほん》などを紹介《しょうかい》しています。

「豆《まめ》ちしき」では、人物《じんぶつ》のエピソードや時代《じだい》にかんする基礎知識《きそちしき》などを紹介《しょうかい》しています。

よんで しらべて時代がわかる
ミネルヴァ 日本歴史人物伝

正確な日本地図をつくった測量家

伊能忠敬《いのうただたか》

監修 大石 学
文 西本 鶏介
絵 青山 邦彦

もくじ

ミネルヴァ書房

歩《ある》いて日本《にほん》地図《ちず》をつくった男《おとこ》

「一、二、三、四、五、六……」

数《かぞ》えながら歩《ある》き、立《た》ちどまってはその距離《きょり》を帳面《ちょうめん》にかきしるします。のんびり景色《けしき》をながめたり、おしゃべりをするひまなどありません。道《みち》がまがっているところへくれば、つえの先《さき》に羅針盤《らしんばん》がついている小方位盤《しょうほういばん》で方角《ほうがく》をはかります。さらには望遠鏡《ぼうえんきょう》で遠《とお》くをみて、山《やま》や坂《さか》の高《たか》さをはかります。しかも一日《にち》に十里《り》（一里《り》は約《やく》四キロメートル）、多《おお》いときは十二里《り》（約《やく》四十八キロメートル）もこの測量《そくりょう》をつづけなくてはなりません。

「幕府《ばくふ》のお許《ゆる》しがでて、ようやく蝦夷地《えぞち》（北《ほっ》海道《かいどう》）へくることができたのだ。蝦夷地《えぞち》の夏《なつ》は短《みじか》い。ぐずぐずしていれば、雪《ゆき》にうもれて測量《そくりょう》ができなくなってしまう。」

そういって、わずか六人《にん》の測量隊《そくりょうたい》をはげますのは、五十六さいの町民《ちょうみん》測量家《そくりょうか》、伊能忠敬《いのうただたか》でした。蝦夷地《えぞち》は内地《ないち》（本州《ほんしゅう》のこと）にくらべて道《みち》のないところが多《おお》く、先《さき》の見《み》えない林《はやし》の中《なか》を歩《ある》くこともしばしばでした。海岸《かいがん》も大《おお》きな岩《いわ》のつきでているところが多《おお》く、岩《いわ》によじのぼったり、しがみついておりたりしなくてはなりません。

きりたった岩《いわ》をこえ、海岸《かいがん》へ出《で》たところで道《みち》がきれ、海《うみ》におちていることに気《き》がつきました。忠敬《ただたか》はすぐに小舟《こぶね》にのると、間縄《けんなわ》（一間《けん》「約《やく》一・八メートル」ごとにしるしをつけた縄《なわ》）をつかって海《うみ》から距離《きょり》をはかりました。

こんな大変《たいへん》な仕事《しごと》をしているのに、幕府《ばくふ》からもらうお金《かね》はほんのわずかで、ほとんどすべての費用《ひよう》は忠敬《ただたか》がだしていました。漁《りょう》師《し》に小舟《こぶね》をだしてもらうお金《かね》も、もちろん、忠敬《ただたか》がはらいました。

「なぜこのような割《わり》のあわない仕事《しごと》をするのですか。」

江戸《えど》からついてきた人夫《にんぶ》のひとりがたずねました。すると、忠敬《ただたか》は、

「日本《にほん》の地図《ちず》をつくるためだよ。地図《ちず》があれば自由《じゆう》に旅《たび》もできるし、日本《にほん》の海岸《かいがん》へ外国《がいこく》の船《ふね》がせめてきて

も、守《まも》りをかためることができる。そんなことより日本《にほん》の国《くに》がどんな形《かたち》をしているのか、自分《じぶん》でしらべられるのがうれしくてたまらない。わしは子《こ》どものときから、星《ほし》や太陽《たいよう》や月《つき》や地球《ちきゅう》のことを勉強《べんきょう》するのが大好《だいす》きだった。」といって、若者《わかもの》のように目《め》をかがやかせました。

蝦夷地《えぞち》に宿《やど》などなく、とまるのは海岸《かいがん》にある番小屋《ばんごや》（漁師《りょうし》がとまる小屋《こや》）や、商人《しょうにん》たちが取《と》り引《ひ》きのために集《あつ》まる仮小屋《かりごや》です。それでも忠敬《ただたか》はつらいと思《おも》うことはありませんでした。夜《よる》は満天《まんてん》の星《ほし》をながめ、その高《たか》さを目測《もくそく》し、明日《あす》の天気《てんき》をいのりました。

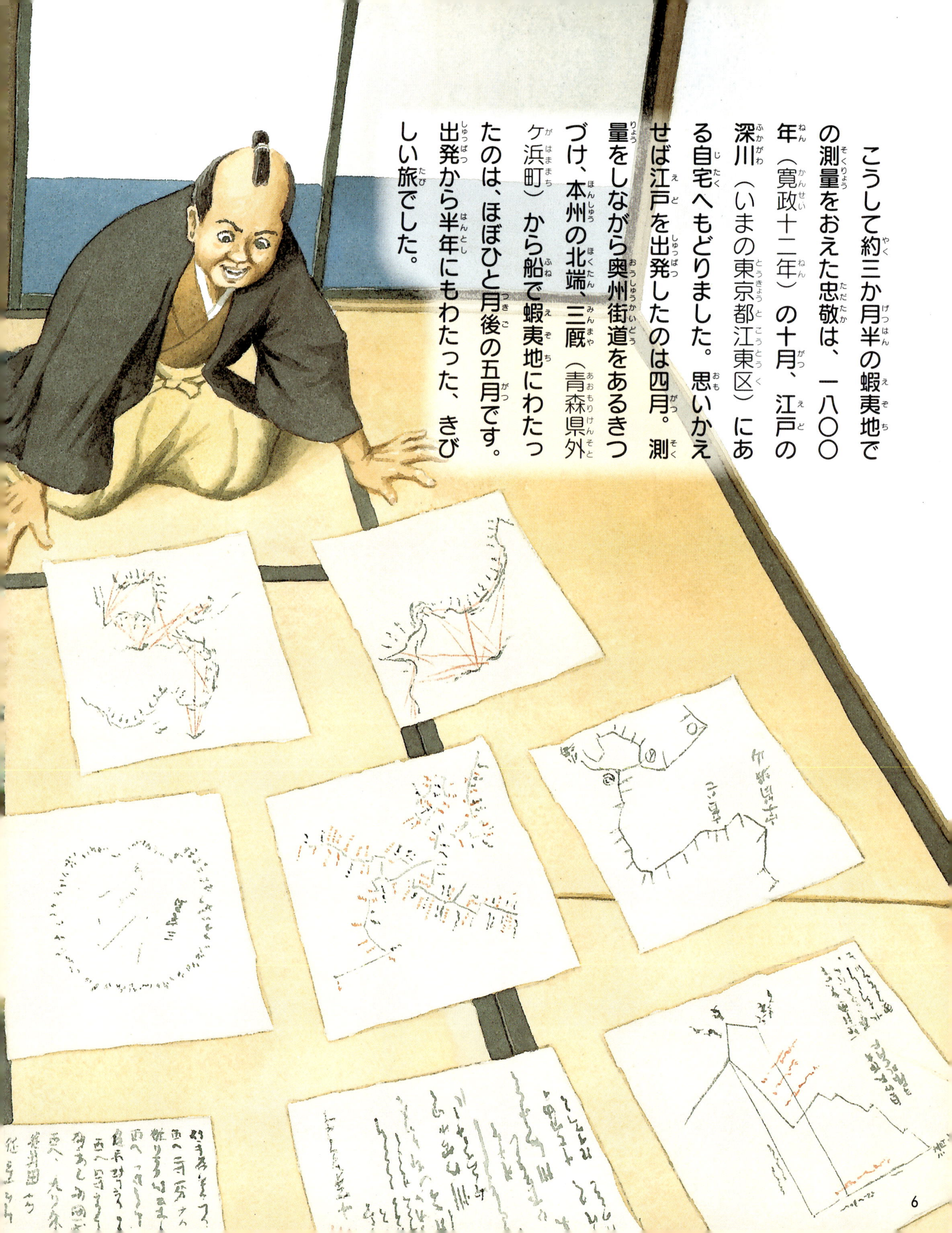

こうして約《やく》三か月半《げつはん》の蝦夷地《えぞち》での測量《そくりょう》をおえた忠敬《ただたか》は、一八〇〇年《ねん》（寛政《かんせい》十二年《ねん》）の十月《がつ》、江戸《えど》の深川《ふかがわ》（いまの東京都江東区《とうきょうとこうとうく》）にある自宅《じたく》へもどりました。思《おも》いかえせば江戸《えど》を出発《しゅっぱつ》したのは四月《がつ》。測《そく》量《りょう》をしながら奥州街道《おうしゅうかいどう》をあるきつづけ、本州《ほんしゅう》の北端《ほくたん》、三厩《みんまや》（青森県外《あおもりけんそと》ケ《が》浜町《はままち》）から船《ふね》で蝦夷地《えぞち》にわたったのは、ほぼひと月後《つきご》の五月《がつ》です。出発《しゅっぱつ》から半年《はんとし》にもわたった、きびしい旅《たび》でした。

「よくぞ、これだけくわしく測量《そくりょう》ができました。きっとすばらしい地図《ちず》がつくれます。」
忠敬《ただたか》の天文学《てんもんがく》の師《し》である高橋至時《たかはしよしとき》がほめました。至時《よしとき》は忠敬《ただたか》よりも十九さい年下《としした》でしたが、幕府《ばくふ》の天文方《てんもんかた》（暦《こよみ》などを調《しら》べる役人《やくにん》）をつとめ、忠敬《ただたか》が五十一さいのとき、頼《たの》みこんで弟子《でし》にしてもらった人《ひと》です。

そのことばにはげまされて、忠敬《ただたか》は旅《たび》のつかれもわすれ、ただちに地図《ちず》づくりをはじめ、その年《とし》の十二月《がつ》、蝦夷《えぞ》地《ち》東《とう》南《なん》部《ぶ》沿海《えんかい》の地図《ちず》を幕府《ばくふ》に提出《ていしゅつ》しました。地図《ちず》は縮尺《しゅくしゃく》四万三千六百三十六分《ぶん》の一の大図《おおず》が二十一枚《まい》と、その十分《ぶん》の一の縮《しゅく》尺《しゃく》の小図《しょうず》一枚《まい》におさめてありました。緯度《いど》と経度《けいど》を測定《そくてい》し、北緯《ほくい》と東経《とうけい》の線《せん》をはっきりと地図《ちず》にひきあらわした画期的《かっきてき》なもので、この地図《ちず》によって蝦夷《えぞ》地《ち》は南北《なんぼく》ばかりでなく、東西《とうざい》にも長《なが》いことがわかりました。

天文方《てんもんかた》の説明《せつめい》をきいて、その地図《ちず》のすばらしさを知《し》った幕府《ばくふ》の役人《やくにん》たちも、あらためて忠敬《ただたか》のエネルギーのすごさにおどろきました。五十六さいといえば、そのころはたいへんな老人《ろうじん》だったのです。

忠敬《ただたか》は一七四五年《ねん》（延享《えんきょう》二年《ねん》）、上総《かずさ》国山辺郡小関村《のくにやまべぐんこぜきむら》（いまの千葉県九十九里《ちばけんくじゅうくり》町《まち》）に生《う》まれ、もとの名《な》を三治郎《さんじろう》といいました。七さいのとき、母《はは》がなくなり、むこにきていた父《ちち》も実家《じっか》へもどったので、おじいさんとおばあさんに育《そだ》てられました。

三治郎《さんじろう》はさみしくなると九十九里《くじゅうくり》浜《はま》にたって海《うみ》をながめ、向《む》こうの岬《みさき》はどうなっているのか、いつか、その岬《みさき》まで歩《ある》いてみたい、できることならいつか天文《てんもん》のことを調《しら》べる学《がく》者《しゃ》になりたい、と思《おも》っていました。

子《こ》どものときから算数《さんすう》に強《つよ》く、そろばんが得意《とくい》で、年貢《ねんぐ》の計算《けいさん》にやってきた役《やく》人《にん》たちをびっくりさせたといいます。

十八さいのとき、下総国香取郡佐原村《しもうさのくにかとりぐんさわらむら》（いまの千葉県香取市《ちばけんかとりし》）の伊能家《いのうけ》のむこ養子《ようし》になりました。伊能家《いのうけ》はむかしから代々《だいだい》名主《なぬし》をつとめてきた家《いえ》で、下総《しもうさ》きっての酒造家《しゅぞうか》でしたが、このときの伊能家《いのうけ》はすっかりおちぶれていました。そこで伊能家《いのうけ》をむかしのようにもりたてるために、三治郎《さんじろう》をむこにむかえたのです。

伊能《いのう》三郎《さぶろう》右衛門《えもん》忠敬《ただたか》と名《な》を変《か》えた三治郎《さんじろう》は伊能家《いのうけ》のため、必死《ひっし》に働《はたら》きました。まずは酒《さけ》づくりを元《もと》のようにさかんにすることです。それにはなるべく安《やす》い値《ね》で米《こめ》を買《か》わなくてはならず、みずから米《こめ》の買《か》いつけにでかけました。やがて、酒《さけ》だけでなく、みそやしょうゆもつくり、さらにはまきや炭《すみ》までも売《う》るようになって、だんだんとお金《かね》がふえていきました。それでも家《いえ》の者《もの》や奉《ほう》公人《こうにん》に節約《せつやく》するよう、きびしくいいきかせました。

　そのおかげで、わずか四年《ねん》で伊能家《いのうけ》の経《けい》済《ざい》は立《た》ちなおり、年貢《ねんぐ》のおさめられない村《むら》人《びと》のためにも、たくさんの米《こめ》をゆずってあげました。

　村人《むらびと》たちはだれもが忠敬《ただたか》をうやまい、

「おらのむらの名主《なぬし》さまは、日本一《にほんいち》やさしい名主《なぬし》さまだ。」

といって、じまんしました。

一七八三年《ねん》（天明《てんめい》三年《ねん》）、利根川《とねがわ》がはんらんして、ききんになったときも、その三年《ねん》後《ご》に東日本《ひがしにほん》が大《だい》ききんになったときも、忠敬《ただたか》はたくわえていた米《こめ》やお金《かね》をおしげもなく村人《むらびと》たちのためにわけあたえました。大《だい》ききんのとき、各地《かくち》で多《おお》くの人《ひと》が餓死《がし》したというのに、佐原村《さわらむら》では一人《ひとり》の死人《しにん》も出《で》ませんでした。この忠敬《ただたか》の行《おこな》いには、領主《りょうしゅ》も感心《かんしん》して、のちに子孫《しそん》まで名字《みょうじ》帯刀《たいとう》（おおやけの場《ば》で名字《みょうじ》を名《な》のって刀《かたな》をもつこと）をゆるしました。

伊能家《いのうけ》の復活《ふっかつ》をはたし、名主《なぬし》として村《むら》のためにつくすことができても、忠敬《ただたか》は子《こ》どものときの夢《ゆめ》が忘《わす》れられませんでした。一七九四年《ねん》（寛政《かんせい》六年《ねん》）、五十さいになったのを機会《きかい》に家《いえ》を長男《ちょうなん》にゆずり、隠居《いんきょ》して江戸《えど》へ出《で》ることにしました。

（わたしも年《とし》をとって、あと何年生《なんねんい》きられるかわからない。せめてこれからの人生《じんせい》は、わたしの好《す》きな仕事《しごと》のためにつかいたい。）

そう決意《けつい》した忠敬《ただたか》は江《え》戸《ど》の深川黒江町《ふかがわくろえちょう》に家《いえ》を借《か》り、高橋至時《たかはしよしとき》の弟子《でし》になって、天文《てんもん》や暦学《れきがく》（天体《てんたい》の運行《うんこう》や、それを測《はか》る技術《ぎじゅつ》の学問《がくもん》）を学《まな》ぶことにしたのです。

蝦夷地東南部《えぞちとうなんぶ》の地図《ちず》をしあげた忠敬《ただたか》は、なんとしても蝦夷地北西部《えぞちほくせいぶ》の地図《ちず》も完成《かんせい》させたいと思《おも》いました。しかし、その前《まえ》に本州《ほんしゅう》の東海岸《ひがしかいがん》を測量《そくりょう》するよう、至時《よしとき》にすすめられました。

一八〇一年《ねん》（享和元年《きょうわがんねん》）の四月《がつ》、江戸《えど》を出発《しゅっぱつ》した忠敬《ただたか》は三浦半島《みうらはんとう》、相模湾《さがみわん》、伊豆半島《いずはんとう》を測量《そくりょう》して歩《ある》き、三島《みしま》からひとまず江戸《えど》へもどると、江戸《えど》湾《わん》を東《ひがし》へ進《すす》み、房総半島《ぼうそうはんとう》から北上《ほくじょう》して仙台《せんだい》の松原《まつばら》から釜《かま》

石《いし》、宮古《みやこ》と測量《そくりょう》をつづけ、八戸《はちのへ》から下北半島《しもきたはんとう》へと進《すす》み、青森《あおもり》から冬《ふゆ》の奥州街道《おうしゅうかいどう》を通《とお》って、その年《とし》の十二月《がつ》に江戸《えど》へもどりました。帰《かえ》るとすぐに本州《ほんしゅう》東海岸《ひがしかいがん》の地図《ちず》を完成《かんせい》させ、翌《よく》年《とし》には出羽《でわ》（山形県《やまがたけん》・秋田県《あきたけん》）、越後《えちご》（新潟県《にいがたけん》）など、本州西《ほんしゅうにし》海岸《かいがん》の測量《そくりょう》に旅《たび》だっていきました。このとき、忠敬《ただたか》はすでに五十八さい、だれもがそのたくましい体《からだ》と強《つよ》い精《せい》神力《しんりょく》に舌《した》をまきました。

六十さいになってからも、伊勢《いせ》から紀伊半島《きいはんとう》、近畿《きんき》、備前岡山《びぜんおかやま》までの海岸《かいがん》を歩《ある》き、中国《ちゅうごく》、さらに四《し》国《こく》、九州《きゅうしゅう》と全国《ぜんこく》をまわって測量《そくりょう》をつづけ、最後《さいご》は一八一五年《ねん》（文化《ぶんか》元年《がんねん》）の江戸市中《えどしちゅう》の測量《そくりょう》でした。

道路《どうろ》に立《た》てられた二本《ほん》の棒《ぼう》の距《きょ》離《り》をゆっくりとはかり、帳面《ちょうめん》にその長《なが》さを書《か》きおえた忠敬《ただたか》は、若《わか》い助手《じょしゅ》の手《て》をにぎっていいました。

「ありがとう。これで、やっと終《お》わった。すごい日本図《にほんず》ができるぞ。」

しかし、いかに元気《げんき》とはいえ、長《なが》い長《なが》い測量《そくりょう》の旅《たび》は忠敬《ただたか》の体《からだ》を弱《よわ》らせ、七十一さいの頭《あたま》もすっかり白《しろ》くなっていました。

五十六さいから七十一さいまで、じつに十五年間《ねんかん》、約《やく》八千八百里《り》（三万五千二百キロメートル）を歩《ある》きつづけた旅《たび》でした。

忠敬《ただたか》はさいごの力《ちから》をふりしぼって、全日本《ぜんにほん》図《ず》の地図《ちず》づくりにとりかかりました。測量《そくりょう》に参加《さんか》した助手《じょしゅ》たちも集《あつ》まり、それを手伝《てつだ》うことになりました。しかし、忠敬《ただたか》が床《とこ》につく日《ひ》も多《おお》くなり、満足《まんぞく》に指図《さしず》することもむずかしくなりました。そして一八一八年《ねん》（文政元《ぶんせいがん》年《ねん》）の四月《がつ》、七十四さいでこの世《よ》をさりました。忠敬《ただたか》ののぞみどおり、自分《じぶん》よりも早《はや》くなった恩師《おんし》、高橋至時《たかはしよしとき》の墓《はか》のそばにほうむられました。

高橋至時《たかはしよしとき》の子《こ》、高橋景保《たかはしかげやす》が忠敬《ただたか》のあとをついで地図《ちず》づくりの指揮《しき》をとり、それから三年《ねん》後《ご》の一八二一年《ねん》（文政《ぶんせい》四年《ねん》）、ついに「大日本沿海輿地全図《だいにほんえんかいよちぜんず》」が完成《かんせい》しました。日本《にほん》に来《き》た有名《ゆうめい》な医者《いしゃ》のシーボルトは高橋景保《たかはしかげやす》にこの地図《ちず》を見《み》せてもらい、「日本《にほん》にもこんな正確《せいかく》な地図《ちず》があったのか」といって、びっくりしたといわれています。

しかし、残念《ざんねん》ながら幕府《ばくふ》はこの地図《ちず》を外《そと》へ出《だ》すことを禁止《きんし》したため、長《なが》い間《あいだ》、宝《たから》のもちぐされとなりました。その後《ご》、日本《にほん》の鎖国《さこく》が終《お》わって、明治政府《めいじせいふ》が生《う》まれたとき、新《あたら》しい日本全図《にほんぜんず》の地図《ちず》をつくるためにこの地図《ちず》が参考《さんこう》にされたそうです。

伊能忠敬《いのうただたか》ってどんな人《ひと》？

歩《ある》いて日本全国《にほんぜんこく》の測量《そくりょう》をおこなった伊能忠敬《いのうただたか》は、どのような人《ひと》だったのでしょうか。

伊能家《いのうけ》のむこ養子《ようし》になる

伊能忠敬《いのうただたか》は、一七四五年《ねん》に上総国《かずさのくに》の小関村《こぜきむら》（千葉県《ちばけん》九十九里町《くじゅうくりまち》片貝《かたかい》）で、小関家《こぜきけ》という名主《なぬし》の家《いえ》に生《う》まれました。おさないころの名前《なまえ》は三治郎《さんじろう》で、兄《あに》と姉《あね》がいました。ところが忠敬《ただたか》が七さいのときに、母《はは》のみねがなくなります。父《ちち》の貞恒《さだつね》はむこ養子《ようし》だったため、兄《あに》と姉《あね》をつれて自分《じぶん》の実家《じっか》へもどりました。ひとりで小《こ》関家《ぜきけ》にのこされた忠敬《ただたか》も、十一さいで父《ちち》に引《ひ》きとられました。

そろばんがとくいだった忠敬《ただたか》は、算術《さんじゅつ》や医《い》学《がく》を学《まな》びました。そして一七六二年《ねん》、十八さいになった忠敬《ただたか》は、下総国《しもうさのくに》佐原《さわら》村《むら》（千葉県《ちばけん》香取市《かとりし》佐原《さわら》）の商人《しょうにん》、伊能《いのう》家《け》のむこ養子《ようし》となりました。「忠敬《ただたか》」と名《な》をあらためたのはこのときです。伊能家《いのうけ》はこの地方《ちほう》でも大《おお》きな佐原村《さわらむら》の名家《めいか》でした。

伊能家《いのうけ》の家業《かぎょう》につくす

忠敬《ただたか》は、伊能家《いのうけ》ですばらしい商《あきな》いの才能《さいのう》を発揮《はっき》しました。伊能家《いのうけ》の家業《かぎょう》である酒《さけ》・しょうゆの生産《せいさん》や利根川《とねがわ》を利《り》用《よう》した運送業《うんそうぎょう》などをさかんにして、伊《い》能家《のうけ》をもりたてました。一七八六年《ねん》、東北《とうほく》・関東地方《かんとうちほう》に天明《てんめい》のききんがおそいかかりました。しかし、佐原村《さわらむら》では忠敬《ただたか》が買《か》いためていた米《こめ》をこまった人《ひと》にわけあたえたため、うえてなくなる人はいませんでした。

もともと算術《さんじゅつ》がすきだった忠敬《ただたか》は、太陽《たいよう》や星《ほし》の動《うご》きを調《しら》べて暦《こよみ》をつくる、天文暦学《てんもんれきがく》に興味《きょうみ》をもっていました。四十さいをすぎたころ、家業《かぎょう》を長男《ちょうなん》の景敬《かげたか》にまかせて隠居《いんきょ》したいと考《かんが》えまし

1745～1818年《ねん》

伊能忠敬《いのうただたか》の肖像《しょうぞう》。この絵《え》をかいた青木勝次郎《あおきかつじろう》は、忠敬《ただたか》の測量旅行《そくりょうりょこう》に同行《どうこう》して各地《かくち》の風景《ふうけい》をかいた人物《じんぶつ》。（伊能忠敬記念館所蔵《いのうただたかきねんかんしょぞう》）

たが、村《むら》の名主《なぬし》となってはたらいていた忠敬《ただたか》は、なかなか隠居《いんきょ》することができませんでした。

酒《さけ》をつくっていた伊能家《いのうけ》の旧宅《きゅうたく》には、土蔵《どぞう》を改築《かいちく》した店舗《てんぽ》がのこっている。この土蔵《どぞう》は、佐原地区《さわらちく》に現存《げんそん》するなかでもっとも古《ふる》い時期《じき》の建物《たてもの》。（写真提供《しゃしんていきょう》：伊能忠敬記念館《いのうただたかきねんかん》）

江戸《えど》で天文暦学《てんもんれきがく》を学《まな》ぶ

忠敬《ただたか》が隠居《いんきょ》したのは、一七九四年《ねん》、五十さいのときです。翌年《よくとし》、忠敬《ただたか》は天《てん》文暦学《もんれきがく》を学《まな》ぶために、江戸《えど》の深川黒江《ふかがわくろえ》町《ちょう》（東京都江東区門前仲町《とうきょうとこうとうくもんぜんなかちょう》）にひっこしました。そして、幕府《ばくふ》の天文方《てんもんかた》をつとめる高橋至時《たかはしよしとき》の弟子《でし》になり、蔵前片《くらまえかた》町《まち》（東京都台東区浅草橋三丁目《とうきょうとたいとうくあさくさばしちょうめ》）の司《し》天台《てんだい》（天文台《てんもんだい》）で、天体観測《てんたいかんそく》の方法《ほうほう》を学《まな》びました。

忠敬《ただたか》はそこで、正確《せいかく》な暦《こよみ》をつくるためには、地球《ちきゅう》の大《おお》きさを知《し》らなければならないと知《し》ります。地球《ちきゅう》の大《おお》きさがわからなければ、一日《にち》や一年《ねん》の長《なが》さは正確《せいかく》にもとめられません。地球《ちきゅう》の大《おお》きさを知《し》るためには、子午線《しごせん》（経線《けいせん》）の緯度《いど》一度分《どぶん》の正確《せいかく》な長《なが》さが必要《ひつよう》です。しかし、このころの日本《にほん》で、その長《なが》さをはかった人《ひと》はいませんでした。そこで、忠敬《ただたか》はいつもおなじ歩幅《ほはば》で歩《ある》けるように練習《れんしゅう》し、自分《じぶん》の歩幅《ほはば》と歩数《ほすう》をかければ距離《きょり》がわかるようにしました。これは「歩測《ほそく》」とよばれる距離《きょり》のはかりかたです。忠敬《ただたか》は、自宅《じたく》と司天台《してんだい》のあいだで歩測《ほそく》をおこない、そこから計《けい》算《さん》して緯度《いど》一度分《どぶん》の長《なが》さをもとめてみました。しかし至時《よしとき》から、短《みじか》い距離《きょり》をもとに計算《けいさん》しても、誤差《ごさ》が大《おお》きくなってしまうと指摘《してき》され、とおい地点《ちてん》までの長《なが》い距離《きょり》を測量《そくりょう》したいと考《かんが》えるようになりました。じつは至時《よしとき》も、子午線《しごせん》一度分《どぶん》の長《なが》さを知《し》りたいと思《おも》っていたのです。ちょうどこのころ、蝦夷地《えぞち》（北海道《ほっかいどう》）にロシアがやってきて、日《に》本《ほん》との国交《こっこう》をもとめていました。幕府《ばくふ》は、ロシアが日本《にほん》の領土《りょうど》をねらっているのではないかと警戒《けいかい》し、警備《けいび》をおくなどの対策《たいさく》をとろうとしました。それには、蝦夷地《えぞち》の地図《ちず》が必要《ひつよう》です。至時《よしとき》はここに目《め》をつけ、幕府《ばくふ》に蝦夷地《えぞち》の測《そく》量《りょう》をねがいでました。蝦夷地《えぞち》に行《い》くとちゅうで、緯度《いど》を測定《そくてい》しながら江戸《えど》からの距離《きょり》をはかり、子午線《しごせん》の長《なが》さをもとめようと考《かんが》えたのでした。

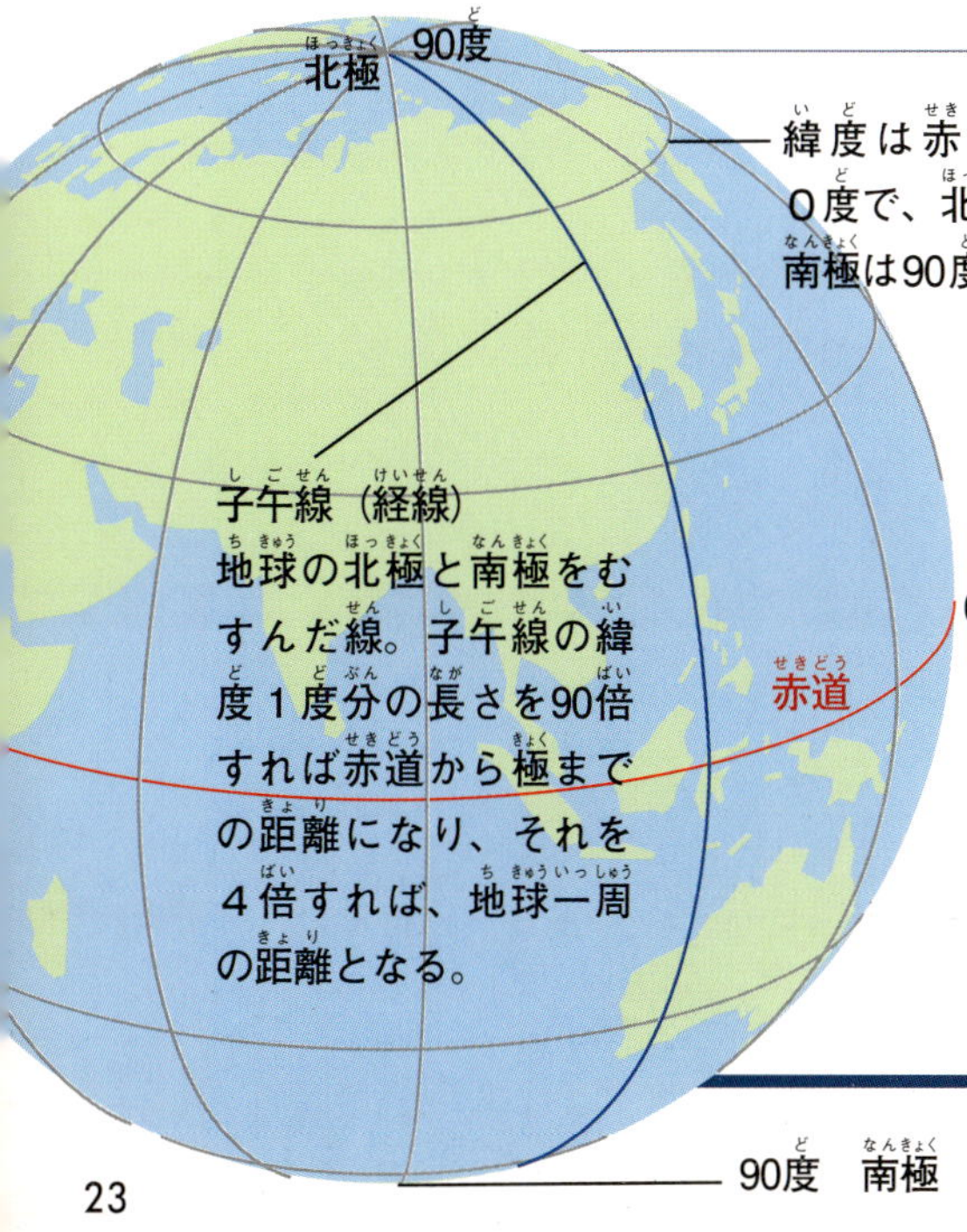
緯度《いど》は赤道《せきどう》が0度《ど》で、北極《ほっきょく》・南極《なんきょく》は90度《ど》。
0度《ど》

測量《そくりょう》のはじまり

蝦夷地《えぞち》測量《そくりょう》の許可《きょか》は、一八〇〇年《ねん》になって、やっとおりました。忠敬《ただたか》は測《そく》量助手《りょうじょしゅ》とともの者《もの》をつれて、歩測《ほそく》で距《きょ》離《り》をはかり、夜《よる》には天体観測《てんたいかんそく》で緯度《いど》をたしかめながら、奥州街道《おうしゅうかいどう》を北《きた》へ進《すす》みました。一日《にち》に九～十里《り》（一里《り》は約《やく》四キロメートル）、多《おお》いときには十二里《り》以上《いじょう》も、歩数《ほすう》をかぞえながら歩《ある》きました。蝦夷地《えぞち》へわたると、あまりにけわしい道《みち》がつづくので、測量《そくりょう》はなかなかはかどりませんでした。

百八十日《にち》かかった、この第《だい》一次《じ》測量《そくりょう》をもとに、忠敬《ただたか》は蝦夷地《えぞち》と奥州街道《おうしゅうかいどう》の地図《ちず》をつくって幕府《ばくふ》に提出《ていしゅつ》しました。それまでの地図《ちず》とはくらべものにならないほどくわしく、正確《せいかく》にかかれた地《ち》図《ず》を見《み》て、幕府《ばくふ》は忠敬《ただたか》の測量技術《そくりょうぎじゅつ》をみとめました。そして、すぐに二回目《かいめ》の測量許可《そくりょうきょか》を出《だ》したのです。

第《だい》1次《じ》測量《そくりょう》のルート

東《ひがし》日《に》本《ほん》の測量《そくりょう》

一八〇一年《ねん》、忠敬《ただたか》は東日本《ひがしにほん》の海岸《かいがん》ぞいを測量《そくりょう》する第《だい》二次《じ》測量《そくりょう》に出《で》かけました。今回《こんかい》は歩測《ほそく》ではなく、間縄《けんなわ》や間竿《けんざお》などの測量道具《そくりょうどうぐ》をつかいました。また、距離《きょり》をはかると同時《どうじ》に、方角《ほうがく》もていねいに調《しら》べました。この測量旅行《そくりょうりょこう》からかえると、忠敬《ただたか》は、子午線《しごせん》一度分《どぶん》の長《なが》さは二十八里《り》二分《ぶ》（約《やく》一一〇・七五キロメートル）ではないかと至時《よしとき》にいいました。現在《げんざい》、子午線《しごせん》一度分《どぶん》の長《なが》さは約《やく》一一一キロメートルとされています。忠敬《ただたか》の予想《よそう》は、かなり正確《せいかく》なものだったのです。

一八〇二年《ねん》には、忠敬《ただたか》は東北地方《とうほくちほう》の日本海側《にほんかいがわ》の測量《そくりょう》に出発《しゅっぱつ》しました。つづけて一八〇三年《ねん》の第《だい》四次《じ》測量《そくりょう》では、中《ちゅう》部地方《ぶちほう》をまわって本州《ほんしゅう》を横断《おうだん》し、北陸《ほくりく》地方《ちほう》の沿岸《えんがん》を測量《そくりょう》しました。第《だい》四次《じ》測《そく》量《りょう》からもどった忠敬《ただたか》は、至時《よしとき》からうれしい知《し》らせをうけとります。有名《ゆうめい》なフ

忠敬《ただたか》がつかった間縄《けんなわ》のかたちはわからないが、当時《とうじ》は一般的《いっぱんてき》にこのような間縄《けんなわ》がつかわれていた。

ランス人天文学者《じんてんもんがくしゃ》の本《ほん》にのっている子《し》午線《ごせん》一度分《どぶん》の長《なが》さが、忠敬《ただたか》の予想《よそう》とおなじ数値《すうち》だったのです。しかし一八〇四年《ねん》に入《はい》ってすぐ、至時《よしとき》は病気《びょうき》でなくなってしまいました。

この年《とし》の秋《あき》には、忠敬《ただたか》のつくった地《ち》図《ず》が第《だい》十一代将軍《だいしょうぐん》・徳川家斉《とくがわいえなり》に見《み》てもらえることになりました。その後《ご》、忠《ただ》敬《たか》は幕府《ばくふ》の家臣《かしん》としてはたらくことがみとめられました。これまでは測量旅《そくりょうりょ》行《こう》にかかる費用《ひよう》の大部分《だいぶぶん》を忠敬《ただたか》が負担《ふたん》していましたが、幕府《ばくふ》の事業《じぎょう》とみとめられたので、費用《ひよう》などを出《だ》してもらえるようになったのです。

忠敬《ただたか》がつれていた測量隊《そくりょうたい》の測量風景《そくりょうふうけい》。浜辺《はまべ》の両《りょう》はしに梵天《ぼんてん》（距離《きょり》をはかるときの目印《めじるし》）をたて、そのあいだに大《おお》ぜいの人《ひと》が間縄《けんなわ》をひいている。

（「浦島測量之図《うらしまそくりょうのず》」部分《ぶぶん》　宮尾昌弘《みやおまさひろ》氏《し》寄託《きたく》　呉市《くれし》入船山記念館《いりふねやまきねんかん》収蔵《しゅうぞう》）

幕府《ばくふ》の測量隊《そくりょうたい》として

それからは、四回《かい》にわけて近畿《きんき》・中《ちゅう》国地方《ごくちほう》、四国地方《しこくちほう》、九州地方《きゅうしゅうちほう》の測量《そくりょう》をおこないました。行《い》く先《さき》ざきで、その土地《とち》の代官《だいかん》や町役人《まちやくにん》たちが忠敬《ただたか》たちに協力《きょうりょく》してくれました。また、探検家《たんけんか》の間宮林蔵《まみやりんぞう》↓29ページが、忠敬《ただたか》がやりのこしていた蝦夷地《えぞち》の測量《そくりょう》を引《ひ》きうけてくれることになりました。

一八〇六年《ねん》、すでに六十さいをこえる年《ねん》れいになっていた忠敬《ただたか》は、旅《たび》のとちゅうで病気《びょうき》にかかりました。忠敬《ただたか》は松江《まつえ》（島根県松江市《しまねけんまつえし》）にとどまって病《びょう》気《き》をなおし、のこりの測量《そくりょう》は弟子《でし》にまかせました。

日本全国《にほんぜんこく》の測量《そくりょう》が終《お》わると、忠敬《ただたか》は最後《さいご》に江戸《えど》の測量《そくりょう》をおこないました。地図《ちず》の作成《さくせい》を進《すす》めながらも、高齢《こうれい》となった忠敬《ただたか》はねこむことが多《おお》くなります。そして一八一八年《ねん》四月《がつ》十三日《にち》、忠《ただ》敬《たか》は七十四さいでなくなりました。その三年後《ねんご》の一八二一年《ねん》、忠敬《ただたか》の測量《そくりょう》をもとにつくられた全国地図《ぜんこくちず》「大日本沿《だいにほんえん》海輿地全図《かいよちぜんず》」が完成《かんせい》しました。忠敬《ただたか》が測量《そくりょう》のために歩《ある》いた距離《きょり》は、全部《ぜんぶ》で約《やく》三万五千二百キロメートルにもなるとされています。地球《ちきゅう》一周《しゅう》は約《やく》四万キロメートルですから、忠敬《ただたか》は地球《ちきゅう》一周《しゅう》にちかい距離《きょり》を測量《そくりょう》して歩《ある》いたことになります。

測量《そくりょう》が幕府《ばくふ》の命《めい》による仕事《しごと》だと人《ひと》びとに知《し》らせるために、測量隊《そくりょうたい》は「御用《ごよう》」とかかれた旗《はた》をかかげていた。

（伊能忠敬記念館所蔵《いのうただたかきねんかんしょぞう》）

伊能忠敬《いのうただたか》がつくった日本地図《にほんちず》

伊能忠敬《いのうただたか》がつくった日本地図《にほんちず》を、現在《げんざい》の地図《ちず》とくらべてみましょう。

三つの大《おお》きさの地図《ちず》

伊能忠敬《いのうただたか》の測量《そくりょう》によって完成《かんせい》した「大日本沿海輿地全図《だいにほんえんかいよちぜんず》」は、大《おお》きさによって「大図《おおず》」「中図《ちゅうず》」「小図《しょうず》」の三種類《しゅるい》にわかれています。大図《おおず》は、二百十四枚《まい》でひとつの日本地《にほんち》図《ず》になる大《おお》きな地図《ちず》で、町《まち》や田畑《たはた》、地《ち》名《めい》・領土《りょうど》の境界線《きょうかいせん》などもくわしくかきこまれています。一枚《まい》が、ほぼたたみ一枚分《まいぶん》の大《おお》きさです。中図《ちゅうず》は八枚《まい》でひとつの日本地図《にほんちず》になるもので、地名《ちめい》や境界線《きょうかいせん》のほか、寺院《じいん》や港《みなと》などが記号《きごう》でしめされています。また、小図《しょうず》は三枚《まい》でひとつの日本地図《にほんちず》になり、中図《ちゅうず》とほぼおなじ内容《ないよう》をかんたんにしるしたものです。

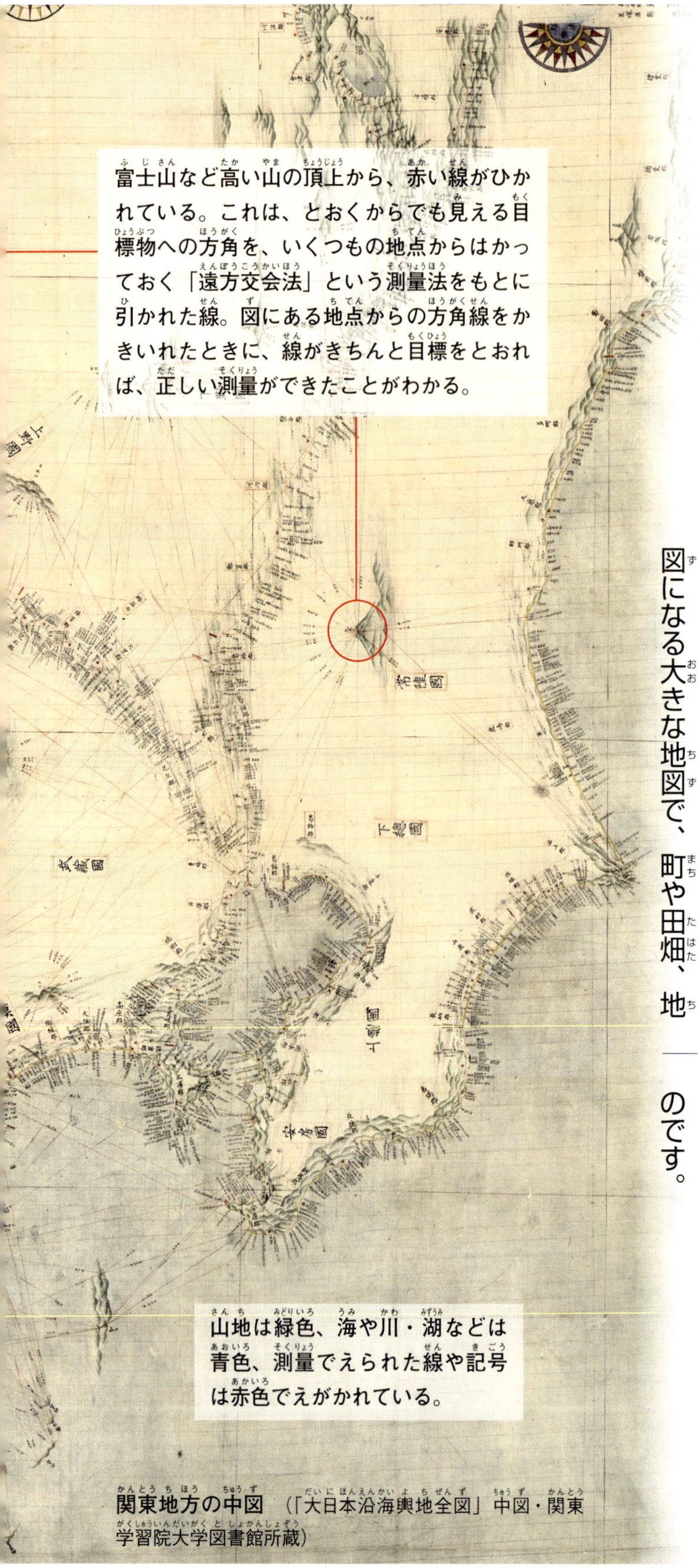

富士山《ふじさん》など高《たか》い山《やま》の頂上《ちょうじょう》から、赤《あか》い線《せん》がひかれている。これは、とおくからでも見《み》える目《もく》標物《ひょうぶつ》への方角《ほうがく》を、いくつもの地点《ちてん》からはかっておく「遠方交会法《えんぽうこうかいほう》」という測量法《そくりょうほう》をもとに引《ひ》かれた線《せん》。図《ず》にある地点《ちてん》からの方角線《ほうがくせん》をかきいれたときに、線《せん》がきちんと目標《もくひょう》をとおれば、正《ただ》しい測量《そくりょう》ができたことがわかる。

山地《さんち》は緑色《みどりいろ》、海《うみ》や川《かわ》・湖《みずうみ》などは青色《あおいろ》、測量《そくりょう》でえられた線《せん》や記号《きごう》は赤色《あかいろ》でえがかれている。

関東地方《かんとうちほう》の中図《ちゅうず》（「大日本沿海輿地全図《だいにほんえんかいよちぜんず》」中図《ちゅうず》・関東《かんとう》 学習院大学図書館所蔵《がくしゅういんだいがくとしょかんしょぞう》）

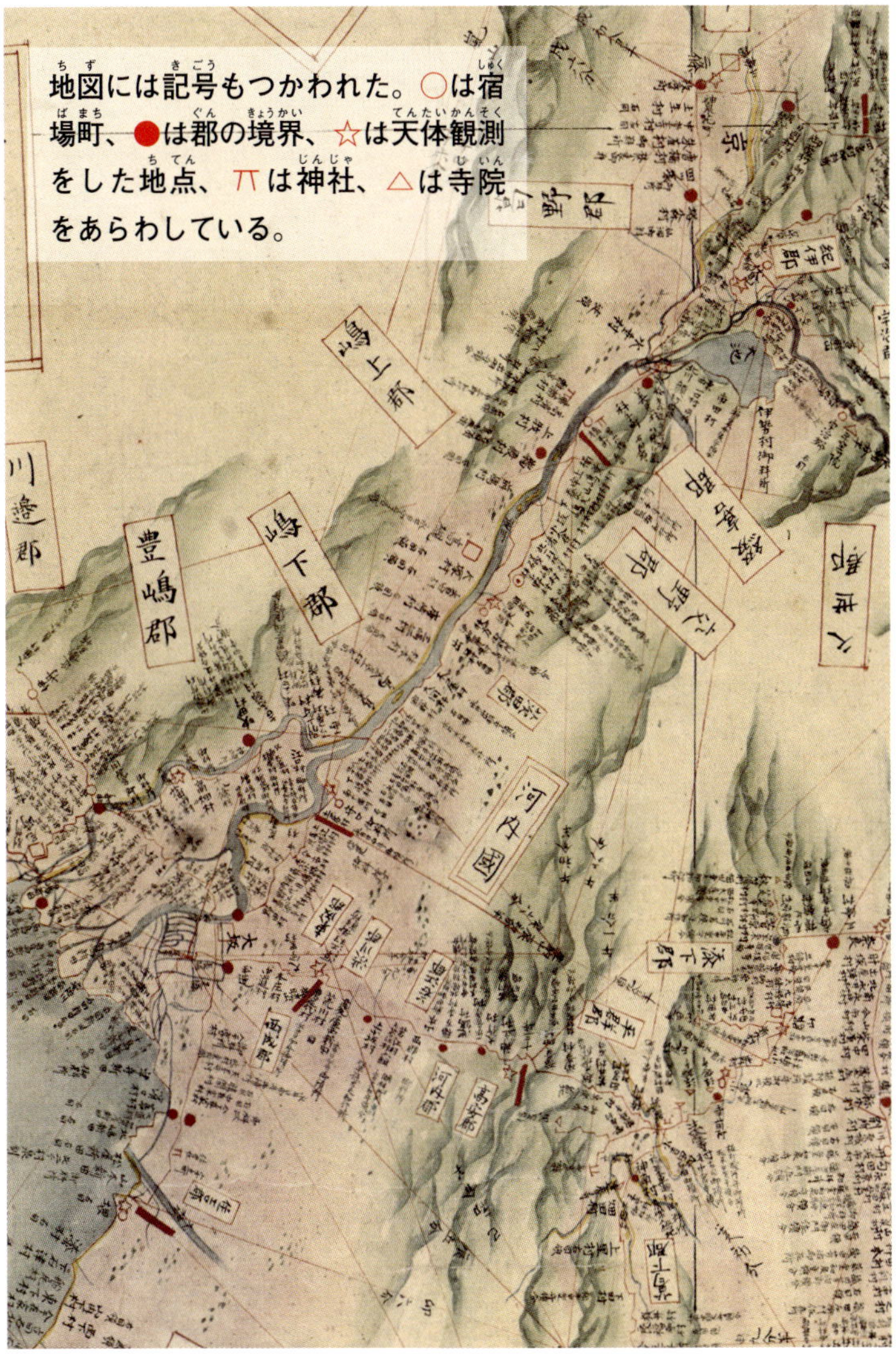

地図《ちず》には記号《きごう》もつかわれた。○は宿《しゅく》場町《ばまち》、●は郡《ぐん》の境界《きょうかい》、☆は天体観測《てんたいかんそく》をした地点《ちてん》、⛩は神社《じんじゃ》、△は寺院《じいん》をあらわしている。

（「大日本沿海輿地全図《だいにほんえんかいよちぜんず》」中図《ちゅうず》・近畿《きんき》　部分《ぶぶん》　学習院大学図書館所蔵《がくしゅういんだいがくとしょかんしょぞう》）

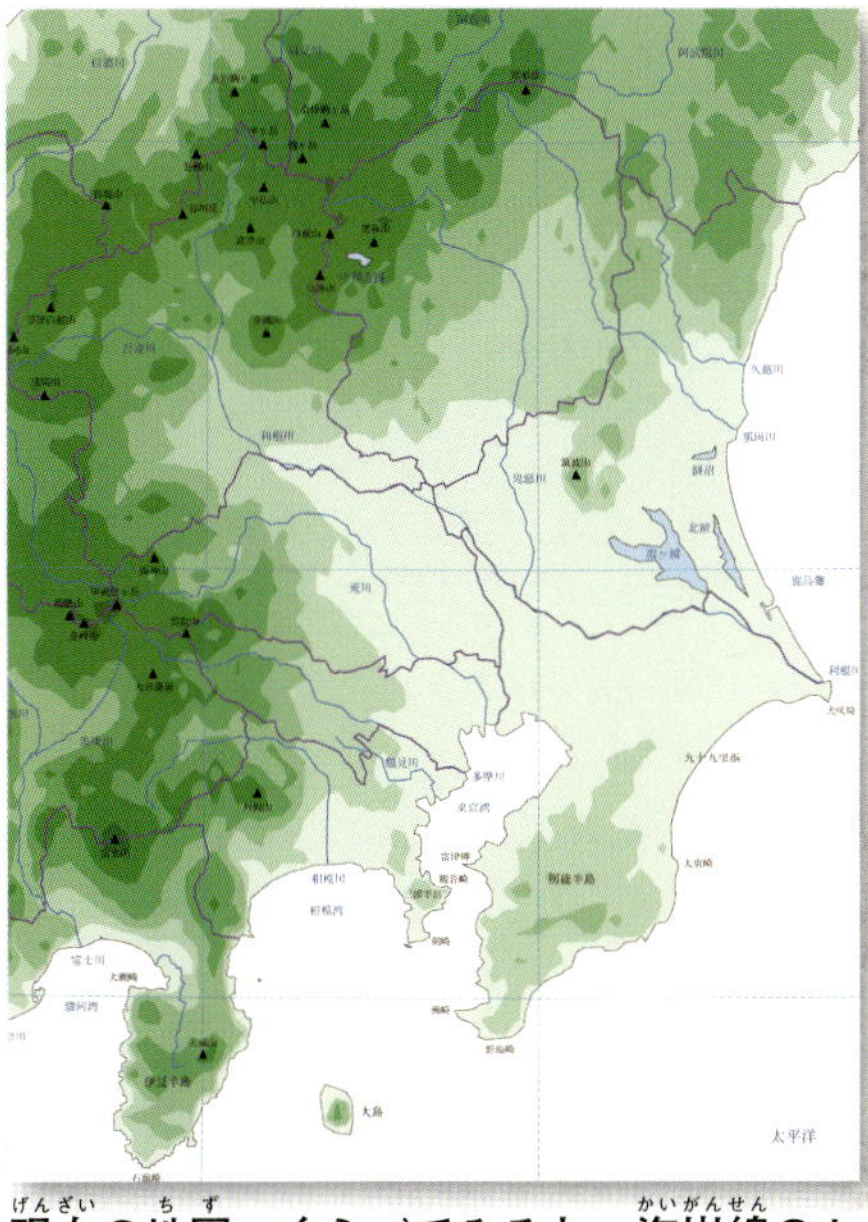

現在《げんざい》の地図《ちず》。くらべてみると、海岸線《かいがんせん》のかたち、島《しま》の位置《いち》や距離《きょり》など、忠敬《ただたか》の地図《ちず》の精密《せいみつ》さがわかる。ていねいでこまかい測量《そくりょう》がおこなわれたからこそ、右《みぎ》の正確《せいかく》な地図《ちず》をつくることができた。

最終的《さいしゅうてき》にまとめられた「大日本沿海輿《だいにほんえんかいよ》地全図《ちぜんず》」のほかに、測量旅行《そくりょうりょこう》からもどってくるたびに地方《ちほう》ごとにまとめた地図《ちず》も多《おお》くのこる。左《ひだり》は第《だい》五次《じ》測量《そくりょう》のあとにかかれた地図《ちず》。第《だい》六次《じ》測量《そくりょう》のときにはかった線《せん》も追加《ついか》されている。

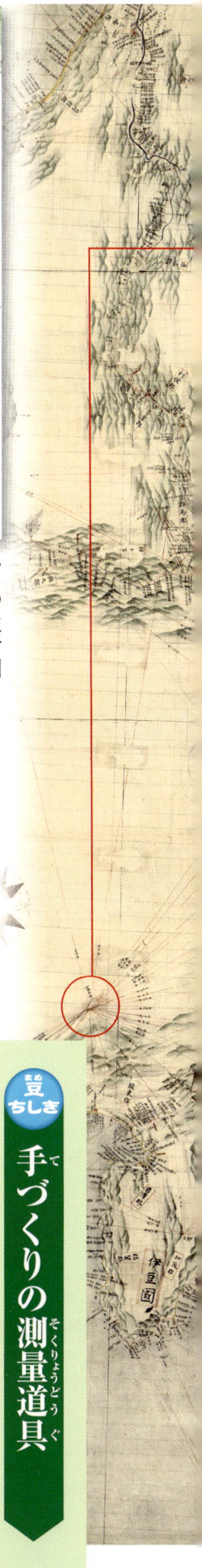

豆《まめ》ちしき

手《て》づくりの測量道具《そくりょうどうぐ》

忠《ただ》敬《たか》は、より正確《せいかく》な測量《そくりょう》をするために、自分《じぶん》で改良《かいりょう》した測量道具《そくりょうどうぐ》をつくりました。距離《きょり》をはかるのには、一間《けん》（約《やく》一・八メートル）ごとにしるしをつけた間縄《けんなわ》や、二本《ほん》をつないで二間《けん》をはかる間竿《けんざお》をつかいました。しかし、間縄《けんなわ》はぬれるとのびちぢみして長《なが》さがかわってしまいます。そこで忠敬《ただたか》は、ぬれても長《なが》さのかわらない、「鉄鎖《てっさ》」をつくりました。また、測量《そくりょう》ではまがり角《かど》のたびに方角《ほうがく》をはかります。忠敬《ただたか》は、方位磁石《ほういじしゃく》のついたつえをもちあるいていました。この方位磁石《ほういじしゃく》は、つえがかたむいても、いつも水平《すいへい》で方角《ほうがく》を正《ただ》しくさすように、くふうされていました。

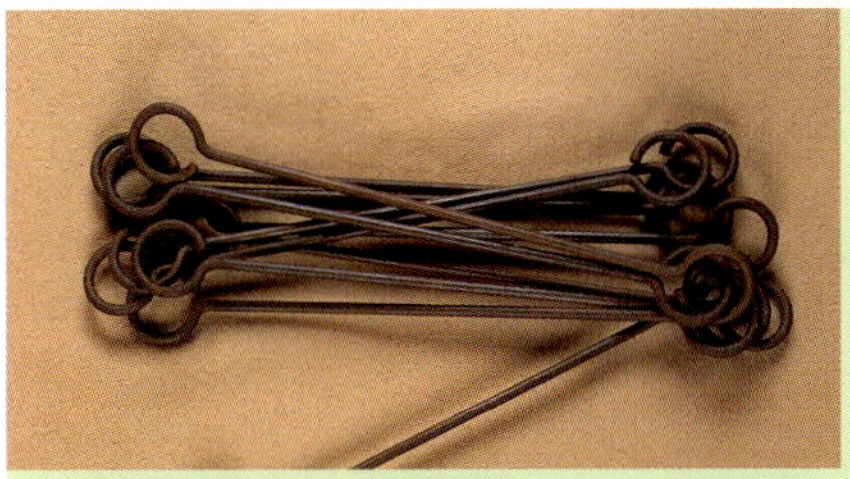

鉄鎖《てっさ》。実際《じっさい》に忠敬《ただたか》がもちいたものは、現存《げんそん》しないため、正確《せいかく》なかたちは不明《ふめい》。（復元品《ふくげんひん》　伊能忠敬記念館所蔵《いのうただたかきねんかんしょぞう》）

方位磁石《ほういじしゃく》がつねに水平《すいへい》になるように、とりつけてある。（復元品《ふくげんひん》　伊《い》能忠敬記念館所蔵《のうただたかきねんかんしょぞう》）

伊能忠敬《いのうただたか》が生《い》きた江戸時代《えどじだい》

伊能忠敬《いのうただたか》が生《い》きた時代《じだい》には、西洋《せいよう》の進《すす》んだ知識《ちしき》をとりこんだ学問《がくもん》が発達《はったつ》しました。

蘭学《らんがく》の発展《はってん》

江戸《えど》時代《じだい》、日本《にほん》は外国《がいこく》との交流《こうりゅう》を制《せい》限《げん》する鎖国政策《さこくせいさく》をとっていました。そのため、西洋《せいよう》の学問《がくもん》や知識《ちしき》は、なかなか日本《にほん》に入《はい》ってこない状態《じょうたい》でした。

一七一六年《ねん》に第《だい》八代将軍《だいしょうぐん》になった徳《とく》川吉宗《がわよしむね》は、つねづね正《ただ》しい日本《にほん》の暦《こよみ》をつくりたいと考《かんが》えていました。そこで天文暦学《てんもんれきがく》にもくわしい和算家《わさんか》（数学《すうがく》者《しゃ》）に助言《じょげん》をもとめたところ、**禁書令《きんしょれい》**をゆるめ、西洋《せいよう》の知識《ちしき》をとりいれるべきだといわれたのです。そこで一七二〇年《ねん》、吉《よし》宗《むね》はキリスト教《きょう》に関係《かんけい》がなければ、外国《がいこく》の書物《しょもつ》を輸入《ゆにゅう》してもいいというおふれを出《だ》しました。中国語《ちゅうごくご》に翻訳《ほんやく》された西洋《せいよう》の書物《しょもつ》が入《はい》ってくるようになると、日本《にほん》では医学《いがく》をはじめ、天文暦学《てんもんれきがく》や地理学《ちりがく》などの「蘭学《らんがく》（のちの洋学《ようがく》）」とよばれる学問《がくもん》が発達《はったつ》しました。

西洋医学《せいよういがく》を学《まな》んだ杉田玄白《すぎたげんぱく》29ページと前野良沢《まえのりょうたく》は、一七七四年《ねん》に西洋《せいよう》の解《かい》剖書《ぼうしょ》を翻訳《ほんやく》した『解体新書《かいたいしんしょ》』を出版《しゅっぱん》しました。吉宗《よしむね》が熱望《ねつぼう》していた西洋天文《せいようてんもん》学《がく》にもとづく暦《こよみ》をつくったのは、高橋《たかはし》至時《よしとき》や**間重富《はざましげとみ》**らです。儒学者《じゅがくしゃ》だった新《あら》井白石《いはくせき》は、日本《にほん》に密入国《みつにゅうこく》したイタリア人宣教師《じんせんきょうし》シドッチに話《はなし》をきき、世界《せかい》の地理《ちり》や風俗《ふうぞく》を一七一五年《ねん》に『西洋紀《せいようき》聞《ぶん》』という本《ほん》にまとめました。そして、科学者《かがくしゃ》の平賀源内《ひらがげんない》29ページは、まさつによって静電気《せいでんき》をおこすエレキテルを発明《はつめい》しました。

しかし一八二八年《ねん》、オランダ商館《しょうかん》の医師《いし》だったドイツ人《じん》のシーボルトが、国外《こくがい》もちだし禁止《きんし》の忠敬《ただたか》の地図《ちず》を、オ

『解体新書《かいたいしんしょ》』は本文《ほんぶん》４巻《かん》、解体図《かいたいず》１巻《かん》の全《ぜん》５巻《かん》。
（凸版印刷株式会社《とっぱんいんさつかぶしきがいしゃ》　印刷博物館所蔵《いんさつはくぶつかんしょぞう》）

ランダへもってかえろうとしたことが発覚《はっかく》します（シーボルト事件《じけん》）。また、一八三九年《ねん》には**蛮社《ばんしゃ》の獄《ごく》**で、蘭学者《らんがくしゃ》の高野長英《たかのちょうえい》や渡辺崋山《わたなべかざん》が弾圧《だんあつ》されます。これらの事件《じけん》により、蘭学《らんがく》は規制《きせい》をうけることとなりました。

1823年《ねん》に日本《にほん》にきたシーボルトは、鳴滝塾《なるたきじゅく》をひらいて日本人《にほんじん》に医学《いがく》をおしえていた。
（長崎歴史文化博物館所蔵《ながさきれきしぶんかはくぶつかんしょぞう》）

忠敬《ただたか》とおなじ時代《じだい》を生《い》きた人《ひと》びと

杉田玄白《すぎたげんぱく》（一七三三～一八一七年《ねん》）

江戸《えど》時代《じだい》の蘭方医《らんぽうい》（西洋医術《せいよういじゅつ》をほどこす医者《いしゃ》）。小浜藩《おばまはん》（福井県《ふくいけん》）の医師《いし》のむすことして、江戸《えど》で生《う》まれる。オランダ語《ご》でかかれた『ターヘル・アナトミア』という医学書《いがくしょ》を、前野良沢《まえのりょうたく》らとともに翻訳《ほんやく》し、『解体新書《かいたいしんしょ》』を出版《しゅっぱん》した。

間宮林蔵《まみやりんぞう》（一七八〇～一八四四年《ねん》）

常陸国《ひたちのくに》（茨城県《いばらきけん》）出身《しゅっしん》の探検家《たんけんか》。幕府《ばくふ》の命令《めいれい》で蝦夷地《えぞち》へ行《い》き、千島列島《ちしまれっとう》や樺太《からふと》（サハリン）を探検《たんけん》した。

間宮海峡《まみやかいきょう》（樺太《からふと》とユーラシア大陸《たいりく》のあいだの海峡《かいきょう》）を発見《はっけん》し、樺太《からふと》が島《しま》であることをたしかめた。また、測量技《そくりょうぎ》術《じゅつ》を忠敬《ただたか》に学《まな》び、蝦夷地《えぞち》の地図《ちず》の完成《かんせい》に貢献《こうけん》した。

日本最北端《にほんさいほくたん》の宗谷《そうや》岬《みさき》にある間宮林蔵《まみやりんぞう》の銅像《どうぞう》。
（写真提供《しゃしんていきょう》：稚内観《わっかないかん》光協会《こうきょうかい》）

平賀源内《ひらがげんない》（一七二八～一七七九年《ねん》）

讃岐国《さぬきのくに》（香川県《かがわけん》）生《う》まれの蘭学者《らんがくしゃ》。長崎《ながさき》でオランダ語《ご》や医学《いがく》、本草学《ほんぞうがく》（くすりにかんする学問《がくもん》）などを学《まな》び、さまざまな分野《ぶんや》で活躍《かつやく》した。とくに科学《かがく》にすぐれ、エレキテルや寒暖計《かんだんけい》を発明《はつめい》した。人形浄瑠璃《にんぎょうじょうるり》の脚本《きゃくほん》をかいたり、油絵《あぶらえ》をかいたりもした。

平賀源内《ひらがげんない》は、さまざまな方面《ほうめん》で才能《さいのう》を発揮《はっき》した。
（国立国会図書館所蔵《こくりつこっかいとしょかんしょぞう》）

源内《げんない》がつくったとされるエレキテル。内部《ないぶ》のガラスがこすれあって静電気《せいでんき》がおき、銅《どう》線《せん》の先《さき》に火花《ひばな》がとぶ。
見世物《みせもの》などにつかったとつたわる。
（「エレキテル」平賀源内《ひらがげんない》
1776年《ねん》　郵政資料館所蔵《ゆうせいしりょうかんしょぞう》）

もっと知《し》りたい！ 伊能忠敬《いのうただたか》

伊能忠敬《いのうただたか》ゆかりの場所《ばしょ》や伊能忠敬《いのうただたか》のことがわかる記念館《きねんかん》、伊能忠敬《いのうただたか》についての本《ほん》を紹介《しょうかい》します。

資料館《しりょうかん》 博物館《はくぶつかん》

史跡《しせき》 遺跡《いせき》

伊能忠敬《いのうただたか》について かかれた本《ほん》

伊能忠敬記念館《いのうただたかきねんかん》

忠敬《ただたか》の生涯《しょうがい》や測量《そくりょう》の方法《ほうほう》などをわかりやすく解説《かいせつ》しているほか、実際《じっさい》につくられた大日本沿海輿地全図《だいにほんえんかいよちぜんず》などの地図《ちず》、測量《そくりょう》につかった道具《どうぐ》などを展示《てんじ》している。

〒287‐0003
千葉県香取市佐原《ちばけんかとりしさわら》イ1722‐1
☎0478‐54‐1118
http://www.city.katori.lg.jp/museum/

伊能忠敬《いのうただたか》がつくりあげた地図《ちず》や絵図《えず》が787点《てん》も所蔵《しょぞう》されており、定期的《ていきてき》に展示《てんじ》がいれかえられる。

伊能忠敬旧宅《いのうただたかきゅうたく》

忠敬《ただたか》が十八さいから五十一さいまでをすごした家《いえ》。伊能家《いのうけ》は酒《さけ》や米《こめ》などの穀物《こくもつ》を商《あきな》っていた。土蔵《どぞう》を改造《かいぞう》した店舗《てんぽ》と、忠敬《ただたか》が設計《せっけい》したといわれる母屋《おもや》がのこっている。

〒287‐0003
千葉県香取市佐原《ちばけんかとりしさわら》イ1900‐1
☎0478‐54‐1118
(伊能忠敬記念館《いのうただたかきねんかん》)

伊能家《いのうけ》の旧宅《きゅうたく》は、小野川《おのがわ》をはさんで伊能忠敬記念館《いのうただたかきねんかん》のむかいにある。

富岡八幡宮《とみおかはちまんぐう》

忠敬《ただたか》が測量旅行《そくりょうりょこう》に出《で》かけるとき、かならず参拝《さんぱい》していたという神社《じんじゃ》。現在《げんざい》、敷地内《しきちない》には忠敬《ただたか》の銅像《どうぞう》がたてられている。

〒135‐0047
東京都江東区富岡《とうきょうとこうとうくとみおか》1‐20‐3
☎03‐3642‐1315
http://www.tomiokahachimangu.or.jp/

現在《げんざい》も「深川八幡《ふかがわはちまん》」として親《した》しまれており、毎月《まいつき》３回《かい》おこなわれる月次祭《つきなみさい》の縁日《えんにち》は多《おお》くの人《ひと》でにぎわう。(写真提供《しゃしんていきょう》：富岡八幡宮《とみおかはちまんぐう》)

『天《てん》と地《ち》を測《はか》った男《おとこ》　伊能忠敬《いのうただたか》』

著《ちょ》／岡崎《おかざき》ひでたか
くもん出版《しゅっぱん》　２００３年《ねん》

現在《げんざい》の地図《ちず》とかわらないほど正確《せいかく》な地図《ちず》をつくりあげた伊能忠敬《いのうただたか》の生涯《しょうがい》を、時代《じだい》のながれとともにえがいた伝記《でんき》。資料写真《しりょうしゃしん》や図版《ずはん》も豊富《ほうふ》にのっている。

さくいん・用語解説

- 新井白石 ……………………… 28
- 蝦夷地 ………………… 23、24、25、28、29
- エレキテル ……………… 28、29
- 遠方交会法 ……………………… 26
- 奥州街道 ……………………… 24、26
- 大図 ……………………… 26
- 『解体新書』 ……………… 28、29
- 樺太（サハリン） ……………… 29

▼禁書令
一六三〇年に出された、キリスト教に関係する外国の本の輸入を禁止するとりきめ。当時、外国語の本は中国語に翻訳されてから日本に入ってきていた。しかし、キリスト教宣教師が、キリスト教関連の本といっしょに数学や天文学の本も翻訳・紹介したため、西洋の科学書も輸入を禁止された。

- 間竿 ……………………… 27
- 間縄 ……………………… 27、28
- 暦 ……………… 22、23、25、28
- 佐原村 ……………………… 22
- 鎖国 ……………………… 28
- シーボルト ……………… 24、25、29
- 子午線（経線） ……………… 23、24、25
- 司天台 ……………………… 23

- 小図 ……………………… 26
- 杉田玄白 ……………………… 28、29
- 『西洋紀聞』 ……………………… 28
- 測量 …………… 23、24、25、26、27、28、29
- 大日本沿海輿地全図 …… 25、26、27、29
- 高野長英 ……………… 28、29
- 高橋至時 …………… 23、24、25、26、27、28、29

▼高橋至時
伊能忠敬の師となった当時に天文暦学の第一人者であった麻田剛立の弟子で、間重富とともに、西洋天文学による初の日本の暦「寛政暦」をつくった。

- 中図 ……………………… 26
- 鉄鎖 ……………………… 27
- 天体観測 ………… 23、24、27
- 天明のききん ……………… 22

▼天明のききん
一七八二年から一七八七年にかけて発生したききん。冷害や浅間山（長野県・群馬県）の噴火などで作物がとれず、江戸時代におこったききんのなかで最大規模の被害をもたらした。

▼天文方
天体観測をおこなったり、それをもとに暦をつくったりする幕府の役職。

- 天文暦学 ……………………… 28
- 徳川家斉 ……………… 22、23
- 徳川吉宗 ……………………… 25、28
- 間重富 ……………………… 28

▼高橋至時とともに、麻田剛立の弟子

だった天文学者。伊能忠敬に天体観測のやりかたを教えたといわれる。

▼蛮社の獄
一八三九年におきた、蘭学者の弾圧事件。一八三七年、外国船打ちはらい令をかかげる江戸幕府によって、アメリカの商船が大砲で攻撃された（モリソン号事件）。この事件をきっかけとして、渡辺崋山・高野長英らが幕府の鎖国政策を批判したが、とらえられて処罰をうけた。

- 平賀源内 ……………………… 28、29
- 歩測 ……………… 23、24、29
- 前野良沢 ……………… 28、29
- 間宮林蔵 ……………… 25、29
- 蘭学 ……………………… 28、29
- 渡辺崋山 ……………………… 28、29

■監修

大石　学（おおいし　まなぶ）

1953年東京都生まれ。東京学芸大学大学院修士課程修了。現在、東京学芸大学教授。日本近世史学者。編著書に『江戸の教育力　近代日本の知的基盤』（東京学芸大学出版会）、『地名で読む江戸の町』（PHP研究所）、『江戸幕府大事典』（吉川弘文館）、『江戸の外交戦略』（角川学芸出版）、『吉宗と享保の改革』（東京堂出版）、『新選組―「最後の武士」の実像』（中央公論新社）などがある。

■文（2～21ページ）

西本　鶏介（にしもと　けいすけ）

1934年奈良県生まれ。評論家・民話研究家・童話作家として幅広く活躍する。昭和女子大学名誉教授。各ジャンルにわたって著書は多いが、伝記に『心を育てる偉人のお話』全3巻、『徳川家康』、『武田信玄』、『源義経』、『独眼竜政宗』（ポプラ社）、『大石内蔵助』、『宮沢賢治』、『夏目漱石』、『石川啄木』（講談社）などがある。

■絵

青山　邦彦（あおやま　くにひこ）

東京都生まれ。建築設計事務所勤務を経て、絵本作家となる。2002年ボローニャ国際絵本原画展ノンフィクション部門入選。第20回ブラティスラヴァ世界絵本原画展出展。おもな作品に『たのしいたてもの』『てんぐのきのかくれが』（教育画劇）、『ドアーフじいさんのいえづくり』（フレーベル館）などがある。

企画・編集　こどもくらぶ
装丁・デザイン　長江　知子
D　T　P　株式会社エヌ・アンド・エス企画

■主な参考図書

『三省堂選書 39　伊能忠敬』著 / 小島一仁　三省堂　1978 年
『江戸時代「生活・文化」総覧』著 / 西山松之助ほか　新人物往来社　1992 年
『天と地を測った男　伊能忠敬』監修 / 伊能忠敬記念館　作 / 岡崎ひでたか　画 / 高田勲　くもん出版　2003 年
『江戸の天文学者　星空を翔ける―幕府天文方、渋川春海から伊能忠敬まで―』著 / 中村士　技術評論社　2008 年
『図説　伊能忠敬の地図をよむ　改訂増補版』著 / 渡辺一郎・鈴木純子　河出書房新社　2010 年
『山川　詳説日本史図録』（第３版）編 / 詳説日本史図録編集委員会　山川出版社　2010 年

よんで しらべて 時代がわかる　ミネルヴァ日本歴史人物伝

伊能忠敬

――正確な日本地図をつくった測量家――

2012年２月20日　初版第１刷発行　検印廃止

定価はカバーに
表示しています

監修者　大　石　学
文　西　本　鶏　介
絵　青　山　邦　彦
発行者　杉　田　啓　三
印刷者　金　子　眞　吾

発行所　株式会社　ミネルヴァ書房
607-8494　京都市山科区日ノ岡堤谷町１
電話 075-581-5191／振替 01020-0-8076

印刷・製本　凸版印刷株式会社

ISBN978-4-623-06190-7
NDC281/32P/27cm
Printed in Japan

よんでしらべて 時代がわかる

ミネルヴァ 日本歴史人物伝

卑《ひ》弥《み》呼《こ》
監修 山岸良二　文 西本鶏介　絵 宮嶋友美

聖《しょう》徳《とく》太《たい》子《し》
監修 山岸良二　文 西本鶏介　絵 たごもりのりこ

中《なかの》大《おお》兄《えの》皇《おう》子《じ》
監修 山岸良二　文 西本鶏介　絵 山中桃子

聖《しょう》武《む》天《てん》皇《のう》
監修 山岸良二　文 西本鶏介　絵 きむらゆういち

紫《むらさき》式《しき》部《ぶ》
監修 朧谷寿　文 西本鶏介　絵 青山友美

平《たいらの》清《きよ》盛《もり》
監修 木村茂光　文 西本鶏介　絵 きむらゆういち

源《みなもとの》頼《より》朝《とも》
監修 木村茂光　文 西本鶏介　絵 野村たかあき

足《あし》利《かが》義《よし》満《みつ》
監修 木村茂光　文 西本鶏介　絵 宮嶋友美

雪《せっ》舟《しゅう》
監修 木村茂光　文 西本鶏介　絵 広瀬克也

織《お》田《だ》信《のぶ》長《なが》
監修 小和田哲男　文 西本鶏介　絵 広瀬克也

豊《とよ》臣《とみ》秀《ひで》吉《よし》
監修 小和田哲男　文 西本鶏介　絵 青山邦彦

徳《とく》川《がわ》家《いえ》康《やす》
監修 大石学　文 西本鶏介　絵 宮嶋友美

春《かす》日《がの》局《つぼね》
監修 大石学　文 西本鶏介　絵 狩野富貴子

杉《すぎ》田《た》玄《げん》白《ぱく》
監修 大石学　文 西本鶏介　絵 青山邦彦

伊《い》能《のう》忠《ただ》敬《たか》
監修 大石学　文 西本鶏介　絵 青山邦彦

歌《うた》川《がわ》広《ひろ》重《しげ》
監修 大石学　文 西本鶏介　絵 野村たかあき

坂《さか》本《もと》龍《りょう》馬《ま》
監修 大石学　文 西本鶏介　絵 野村たかあき

西《さい》郷《ごう》隆《たか》盛《もり》
監修 大石学　文 西本鶏介　絵 野村たかあき

福《ふく》沢《ざわ》諭《ゆ》吉《きち》
監修 安田常雄　文 西本鶏介　絵 たごもりのりこ

伊《い》藤《とう》博《ひろ》文《ぶみ》
監修 安田常雄　文 西本鶏介　絵 おくやまひでとし

板《いた》垣《がき》退《たい》助《すけ》
監修 安田常雄　文 西本鶏介　絵 青山邦彦

与《よ》謝《さ》野《の》晶《あき》子《こ》
監修 安田常雄　文 西本鶏介　絵 宮嶋友美

野《の》口《ぐち》英《ひで》世《よ》
監修 安田常雄　文 西本鶏介　絵 たごもりのりこ

宮《みや》沢《ざわ》賢《けん》治《じ》
文 西本鶏介　絵 黒井健

27cm　32ページ　NDC281　オールカラー
小学校低学年～中学生向き

日《に》本《ほん》の歴《れき》史《し》年《ねん》表《ぴょう》

時代《じだい》	年《ねん》	できごと	このシリーズに出《で》てくる人物《じんぶつ》
旧石器時代《きゅうせっきじだい》	四〇〇万年前《まんねんまえ》〜	採集《さいしゅう》や狩《か》りによって生活《せいかつ》する	
縄文時代《じょうもんじだい》	一三〇〇〇年前《ねんまえ》〜	縄文土器《じょうもんどき》がつくられる	
弥生時代《やよいじだい》	前《ぜん》四〇〇年《ねん》ごろ〜	稲作《いなさく》、金属器《きんぞくき》の使用《しよう》がさかんになる	
		小《ちい》さな国《くに》があちこちにできはじめる	卑弥呼《ひみこ》
古墳時代《こふんじだい》	二五〇年ごろ〜	大和朝廷《やまとちょうてい》の国土統一《こくどとういつ》が進《すす》む	
飛鳥時代《あすかじだい》	五九三	聖徳太子《しょうとくたいし》が摂政《せっしょう》となる	聖徳太子《しょうとくたいし》
	六〇七	小野妹子《おののいもこ》を隋《ずい》におくる	
	六四五	大化《たいか》の改新《かいしん》	中大兄皇子《なかのおおえのおうじ》
	七〇一	大宝律令《たいほうりつりょう》ができる	
奈良時代《ならじだい》	七一〇	都《みやこ》を奈良《なら》（平城京《へいじょうきょう》）にうつす	
	七五二	東大寺《とうだいじ》の大仏《だいぶつ》ができる	聖武天皇《しょうむてんのう》
平安時代《へいあんじだい》	七九四	都《みやこ》を京都《きょうと》（平安京《へいあんきょう》）にうつす	
		藤原氏《ふじわらし》がさかえる	
		『源氏物語《げんじものがたり》』ができる	紫式部《むらさきしきぶ》
	一一六七	平清盛《たいらのきよもり》が太政大臣《だいじょうだいじん》となる	平清盛《たいらのきよもり》
	一一八五	源氏《げんじ》が平氏《へいし》をほろぼす	
鎌倉時代《かまくらじだい》	一一九二	源《みなもとの》 頼朝《よりとも》が征夷大将軍《せいいたいしょうぐん》となる	源《みなもとの》 頼朝《よりとも》
	一二七四	元《げん》がせめてくる	
	一二八一	元《げん》がふたたびせめてくる	
	一三三三	鎌倉幕府《かまくらばくふ》がほろびる	
南北朝《なんぼくちょう》時代《じだい》	一三三六	朝廷《ちょうてい》が南朝《なんちょう》と北朝《ほくちょう》にわかれ対立《たいりつ》する	
	一三三八	足利尊氏《あしかがたかうじ》が征夷大将軍《せいいたいしょうぐん》となる	
	一三九二	南朝《なんちょう》と北朝《ほくちょう》がひとつになる	足利義満《あしかがよしみつ》